Kühlschrank-torten

AUTORIN: CHRISTA SCHMEDES | FOTOS: JÖRN RYNIO

Praxistipps

Extra

Rezepte

Kühlschranktorten-Know-how

Torten ohne Backen gelingen mit passendem Handwerkszeug ganz einfach – hier eine kleine Auswahl an Backutensilien und Zutaten.

Formen Eine Grundausstattung brauchen Sie auch für Kühlschranktorten: die klassische Springform mit 24 und 26 cm Durchmesser oder eine quadratische Form (ca. 24 x 24 cm) für Schnitten. Dazu eine Kastenform von ca. 30 cm Länge.

Tortenring und Backrahmen Einfach und ganz unkompliziert zu handhaben ist der stufenlose Tortenring. Damit können Sie die Größe der Torten zwischen 18–30 cm Durchmesser selbst bestimmen. Im Handel gibt es auch einen verstellbaren eckigen Backrahmen für Tortenschnitten. Dieser Rahmen ist für größere Mengen optimal.

Flexible Formen sind ideal für geeiste Torten, Gugelhupf und Parfaits. Die Cremes lassen sich in den Formen hervorragend kühlen oder einfrieren und anschließend ganz leicht herauslösen. Ausgezeichnet sind auch die Mini-Herz-Formen und Muffinbleche für 6 oder 12 Stück.

Kleine Küchenhelfer

Das Handrührgerät brauchen Sie zum Schlagen von Eischnee, Sahne und cremigen Schaummassen. Mit dem Nudelholz lassen sich Kekse superleicht zerbröseln. Ein durchsichtiger Messbecher mit möglichst feiner Einteilung erleichtert das Abmessen. Eine Waage, die das Gewicht von mindestens 5 Gramm anzeigt, oder eine Digitalwaage sind natürlich genauer. Mit einem Teigschaber, er kann ruhig aus flexiblem Plastik sein, bekommen Sie auch den letzten Rest Teig oder Creme aus der Rührschüssel. Paletten, am besten aus Edelstahl, helfen beim Lösen der Torten vom Boden der Form. Küchensiebe in verschiedenen Größen sind praktisch zum Waschen von Früchten, Passieren von Fruchtpürees und zum Bestäuben mit Puderzucker oder Kakaopulver.

Mit einem Spritzbeutel mit großer Stern- oder Lochtülle lassen sich Cremes und Schlagsahne dekorativ aufspritzen. Um Glasuren oder Schokolade in feinen Linien aufzuspritzen, eignen sich auch Einwegspritzbeutel. Diese gibt es in gut sortierten Lebensmittelgeschäften.

Backpapier benötigen Sie zum Belegen des Bodens der Form oder der Tortenplatte – so lässt sich die Torte problemlos aus der Form lösen. Klarsichtfolie zum Abdecken schützt die Torten während des Kühlens vor anderen Gerüchen.

Basiszutaten Milchprodukte wie Milch, Sahne, Joghurt, Quark sollten immer im Vorrat sein. Beachten Sie aber das Mindesthaltbarkeitsdatum.

Bei Eiern (bei den Rezepten wird immer Größe M verwendet) kommt es auf die Frische an. Beim Aufschlagen sollte das Eiweiß schön stabil und der Dotter leicht gewölbt sein. Eier bewahren Sie am besten im Kühlschrank auf.

Zum Süßen sind Zucker, Puderzucker, Honig oder Alternativen wie Agavendicksaft und Ahornsirup perfekt, zum Aromatisieren Vanillezucker und Vanilleschoten, Schokolade und Kuvertüren.

Formen

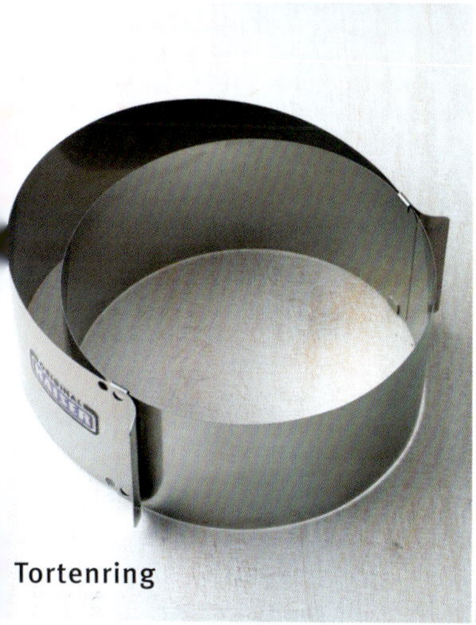
Tortenring

Kleine Küchenhelfer

Basiszutaten

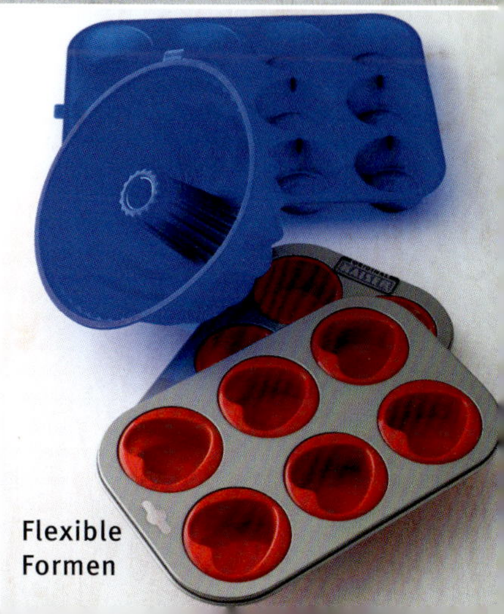
Flexible Formen

Die Basis: Der Boden

Ein Löffelbiskuitboden ist der Klassiker unter den Böden für feine Kühlschranktorten. Er ist wunderbar einfach, schnell gemacht und gelingt immer.

Für 1 Springform von 26 cm ∅
150 g Löffelbiskuits
125 g Butter
Backpapier für die Form

1 Die Löffelbiskuits in einen großen Gefrierbeutel geben und den Beutel verschließen. Die Löffelbiskuits mit einem Nudelholz fein zerbröseln (Bild 1).

2 Die Butter in einem Topf bei schwacher Hitze schmelzen lassen. Die Brösel in eine Rührschüssel geben, die Butter dazugeben und beides mit der Gabel oder einem Teigschaber gut mischen (Bild 2).

3 Den Boden einer Springform mit Backpapier auslegen und mit dem Rand umschließen. Die Brösel-Butter-Masse darauf verteilen und mit den Händen oder einem Löffel fest auf den Boden der Form drücken (Bild 3). Die Form mit Klarsichtfolie abdecken und kalt stellen, bis der Belag zubereitet ist.

BÖDEN

Statt Löffelbiskuits können Sie auch andere Kekse verwenden. Hier eine kleine Auswahl: Butterkekse, Vollkornkekse, Schokokekse, Spekulatius, Cornflakes, Pumpernickel oder auch italienisches Gebäck wie Cantuccini oder Amaretti.

Auch gekaufte Fertigböden lassen sich zu leckeren Torten verarbeiten. Sie können zwischen hellen und dunklen Wiener Böden, Obstkuchenböden oder Torteletts aus Mürbe- oder Biskuitteig wählen. In gut sortierten Lebensmittelgeschäften gibt es in der Backwarenabteilung eine große Auswahl an Fertigböden.

Torten perfekt in Form

Mit ein paar Tricks gehen Tortenboden und Creme gut in die Form und anschließend zum Dekorieren ebenso problemlos wieder aus der Form.

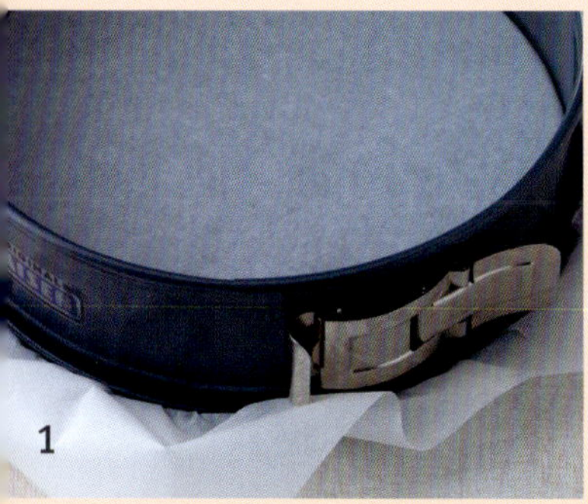
1

2

3

Die Form vorbereiten Den Boden einer Springform oder rechteckigen Form mit Backpapier auslegen und mit dem Ring der Form fest umschließen (Bild 1). Den Bröselboden zubereiten und auf dem Boden der Form verteilen. Die Form mit Klarsichtfolie abdecken. Den Boden kalt stellen.

Ein flexibler Tortenring aus Metall ist optimal für die Zubereitung von Torten aus Fertigböden. Den Tortenboden auf eine Platte legen und mit dem Tortenring umschließen (Bild 2). Die Füllung auf dem Boden verteilen.

Die Torte aus der Form lösen Den Rand der Form oder den Tortenring mit einer Palette oder einem Messer mit breiter Klinge umfahren (Bild 3), dabei Palette oder Messer in warmes Wasser tauchen. Den Ring öffnen und entfernen. Die Torte mit einer Palette vom Papier lösen und mit einem Tortenheber auf die Servierplatte gleiten lassen.

Kühl, fruchtig, frisch

Darf es hin und wieder mal etwas Kühles und Fruchtiges sein? Dann sind die Torten mit heimischen oder exotischen Früchten und Beeren der Saison genau das Richtige. Wetten, dass Sie unter ihnen einen neuen Lieblingskuchen finden werden? Mein Tipp für heiße Sommertage: Joghurttörtchen mit Beerensauce. Sie begeistern Groß und Klein.

Joghurttörtchen mit Beerensauce

6 Blatt weiße Gelatine
400 g Joghurt (oder Buttermilch)
75 g Puderzucker
1 EL frisch gepresster Limettensaft
400 g Sahne | 50 g Zucker
300 g gemischte Beeren (frisch oder tiefgekühlt)
6 runde Schokoladenkekse (ca. 6–8 cm ∅)
frische Beeren für die Deko
6 Minzeblättchen

Für 6 Förmchen oder Tassen (à 150 ml Inhalt)
40 Min. Zubereitung | 3 Std. Kühlen
Pro Stück ca. 440 kcal, 6 g EW, 27 g F, 41 g KH

1 Die Gelatine in kaltem Wasser einweichen. Joghurt mit Puderzucker und Limettensaft glatt rühren. Die Gelatine leicht ausdrücken, mit 3 EL Joghurtcreme in einem Topf bei kleiner Hitze unter Rühren auflösen. Die Gelatine dann unter die Joghurtcreme rühren. Die Creme in den Kühlschrank stellen, bis sie zu gelieren beginnt. Inzwischen die Sahne steif schlagen und kalt stellen.

2 Für die Sauce den Zucker mit 100 ml Wasser in einem Topf aufkochen und bei kleiner Hitze unter Rühren in 5 Min. sirupartig einkochen lassen. Die Beeren waschen und putzen. Frische oder aufgetaute Beeren dazugeben und 3 Min. köcheln lassen. Die Beeren pürieren, leicht abkühlen lassen und durch ein Sieb streichen. Die Sauce kalt stellen.

3 Die Förmchen oder Tassen kalt ausspülen. Die gelierende Joghurtmasse esslöffelweise unter die Sahne rühren. Die Joghurtcreme in die Förmchen oder Tassen füllen und 3 Std. kalt stellen. Zum Servieren die Törtchen aus den Formen lösen und auf die Kekse stürzen. Mit etwas Beerensauce, frischen Beeren und Minzeblättchen garnieren.

ganz einfach

Apfelcremetorte

Die schönste Art, Freunde und Familie zu jeder Jahreszeit zu verwöhnen: mit süßlicher Apfelcreme und einer sahnigen Quarkschicht.

Für den Boden:
150 g Löffelbiskuits
125 g Butter
Backpapier für die Form
Für den Belag:
750 g Äpfel (z. B. Elstar)
1 Päckchen Vanillepuddingpulver (zum Kochen für 500 ml Milch)
450 ml Apfelsaft
50 g Zucker
100 g Mandelblättchen
2 EL Puderzucker
300 g Sahne
100 g Magerquark

Für 1 Springform von 26 cm ∅ (12 Stücke)
40 Min. Zubereitung | 2 Std. Kühlen
Pro Stück ca. 350 kcal, 5 g EW, 22 g F, 30 g KH

1 Löffelbiskuits in einem Gefrierbeutel mit dem Nudelholz zerbröseln. Den Boden der Form mit Backpapier auslegen (s. S. 7). Die Butter in einem Topf zerlassen. Biskuitbrösel und Butter mit einer Gabel verkneten. Die Masse auf den Boden der Form drücken und mit Klarsichtfolie abgedeckt am besten im Kühlschrank kalt stellen.

2 Inzwischen für den Belag die Äpfel schälen, vierteln und das Kerngehäuse entfernen. Die Viertel quer in feine Scheiben schneiden. Das Puddingpulver mit 50 ml Apfelsaft verrühren. Übrigen Apfelsaft mit dem Zucker in einem Topf aufkochen lassen, das Puddingpulver unterrühren. Die Apfelscheiben dazugeben und bei kleiner Hitze ca. 2 Min. ziehen lassen. Die Apfelcreme abkühlen lassen.

3 Die Creme auf dem Boden verteilen. Die Torte abgedeckt 2 Std. kalt stellen. Die Mandelblättchen mit 1 EL Puderzucker vermischen und in einer Pfanne unter Rühren bei kleiner Hitze goldbraun rösten.

4 Die Sahne steif schlagen. Den Quark mit dem restlichen Puderzucker verrühren und löffelweise unter die Sahne rühren. Den Sahnequark mit einem Löffel wolkenartig auf der Apfelcreme verteilen, dabei die Creme in Spitzen leicht hochziehen. Die Torte zum Servieren aus der Form lösen (s. S. 7) und mit den Mandelblättchen bestreuen.

VARIANTE – APFELTORTE MIT SCHUSS

Den Boden wie oben beschrieben zubereiten. Die Äpfel schälen und in dünne Scheiben schneiden. Vanillepuddingpulver mit 50 ml Weißwein oder Cidre anrühren. 400 ml Weißwein oder Cidre mit 2 EL Zucker aufkochen lassen. Das angerührte Puddingpulver zugeben und kurz aufkochen lassen. Die Apfelscheiben unterheben, ca. 2 Min ziehen lassen. Nach Belieben 1 EL Calvados (Apfelschnaps) unterrühren. Die Apfelmasse abkühlen lassen, dann auf dem Boden verteilen. 400 g Sahne mit 1 Päckchen Vanillezucker steif schlagen. Die Sahne wellenförmig auf dem Kuchen verteilen. Nach Belieben 2 EL Eierlikör in einen Einwegspritzbeutel füllen, ein winziges Loch einschneiden. Den Likör in feinen Linien auf die Sahne spritzen.

perfekte Kombination

Birnen-Karamell-Torte

50 g Amaretti (italienische Mandelmakronen)
150 g Zartbitterkuvertüre
1 EL neutrales Pflanzenöl
8 weiche Karamellbonbons | 300 g Sahne
200 g Doppelrahmfrischkäse
50 g Puderzucker
4 EL Gelatinepulver (zum Kaltrühren)
1 Dose Birnen (ca. 490 g Abtropfgewicht)
1 Päckchen heller Tortenguss (ohne Kochen)
Backpapier für die Form

Für 1 Springform von 24 cm ∅ (10 Stücke)
30 Min. Zubereitung | 3 Std. Kühlen
Pro Stück ca. 340 kcal, 6 g EW, 21 g F, 31 g KH

1 Amaretti in einem Gefrierbeutel fein zerbröseln. Den Boden der Form mit Backpapier auslegen. Kuvertüre grob hacken und mit Öl über dem heißen Wasserbad schmelzen lassen. Die Brösel mit Schokolade mischen. Die Mischung auf den Boden der Form drücken und kalt stellen.

2 Karamellbonbons in 100 g Sahne unter Rühren schmelzen, dann abkühlen lassen. Frischkäse, Puderzucker und Karamellsahne glatt rühren. Die übrige Sahne steif schlagen, die Gelatine unterrühren. Sahne mit Karamellcreme vermischen.

3 Birnen abtropfen lassen. 4 Hälften klein würfeln und unter die Creme rühren. Die Creme auf dem Boden verteilen und glatt streichen. Übrige Birnen fächerförmig einschneiden und auf die Torte legen. Tortenguss nach Packungsangabe zubereiten, über die Birnen gießen. Die Torte 3 Std. kalt stellen.

Feines für den Kaffeeklatsch

Mandarinen-Torte

125 g Orangenkekse (z. B. Azora)
50 g Butterkekse | 100 g weiche Butter
1 TL abgeriebene Schale von 1 Bio-Orange
100 g weiße Kuvertüre | 100 g Sahne
1 Bio-Orange | 200 g saure Sahne
200 g Doppelrahmfrischkäse
50 g Puderzucker
4 EL Gelatinepulver (zum Kaltrühren)
2 Dosen Mandarinen (à ca. 175 g Abtropfgewicht) | 2 Päckchen roter Tortenguss
Backpapier für die Form

Für 1 Springform von 26 cm ∅ (12 Stücke)
40 Min. Zubereitung | 3 Std. Kühlen
Pro Stück ca. 320 kcal, 6 g EW, 21 g F, 27 g KH

1 Beide Kekssorten zerbröseln. Den Boden der Form mit Backpapier auslegen. Butter zerlassen, mit der Orangenschale zu den Bröseln geben. Auf den Boden der Form drücken und kalt stellen.

2 Kuvertüre hacken. Sahne erwärmen, Kuvertüre darin unter Rühren schmelzen lassen. Orange heiß waschen und abtrocknen, die Schale abreiben und den Saft auspressen. Saft und Schale mit saurer Sahne, Frischkäse, Puderzucker und Gelatine glatt rühren. Schokosahne unterrühren. Die Masse auf den Keksboden streichen und 1 Std. kalt stellen.

3 Mandarinen abtropfen lassen, den Saft auffangen, mit Wasser auf ½ l auffüllen. Torte mit Mandarinen belegen. Tortenguss mit 100 ml Saft glatt rühren. Übrigen Saft unterrühren und aufkochen lassen. Sofort über die Mandarinen gießen. Die Torte 2 Std. kalt stellen.

oben: Birnen-Karamell-Torte | unten: Mandarinen-Torte

unwiderstehlich gut

Erdbeertorte

150 g Löffelbiskuits
30 g Cornflakes
200 g weiße Kuvertüre
2 EL Milch | 750 g Erdbeeren
1 Päckchen Vanillezucker
8 Blatt weiße Gelatine | 500 g Joghurt
1 EL frisch gepresster Limettensaft
100 g Puderzucker | 300 g Sahne
Backpapier für die Form
Minzeblättchen für die Deko (nach Belieben)

Für 1 Springform von 24 cm ∅ (10 Stücke)
30 Min. Zubereitung | 3 Std. Kühlen
Pro Stück ca. 420 kcal, 7 g EW, 21 g F, 48 g KH

1 Löffelbiskuits und Cornflakes in einem Gefrierbeutel zerbröseln. Den Boden der Form mit Backpapier auslegen. Kuvertüre hacken, mit Milch über dem heißen Wasserbad schmelzen lassen. Die Brösel mit Kuvertüre mischen. Die Mischung auf den Boden der Form drücken und kalt stellen.

2 Erdbeeren waschen, putzen und 12 Beeren beiseitelegen. Den Rest halbieren, mit Vanillezucker mischen. Gelatine in kaltem Wasser einweichen. Joghurt, Limettensaft und Puderzucker glatt rühren.

3 Die Sahne steif schlagen. Gelatine leicht ausdrücken, mit 2 EL Joghurtcreme verrühren und in einem Topf unter Rühren auflösen, dann unter die Joghurtcreme rühren. Die Sahne unterheben. Den Boden dünn mit Creme bestreichen. Erdbeerhälften darauf verteilen. Übrige Creme auf die Erdbeeren geben und glatt streichen. Torte 3 Std. kalt stellen. Mit Erdbeeren und eventuell Minzeblättern verzieren.

aromatisch

Himbeer-Schicht-Torte

450 g Himbeeren
1 EL Himbeersirup
100 g Puderzucker
250 g weiche Butter
1 Packung Karlsbader Oblaten
(5 Stück, ca. 125 g)

Für 10 Stücke
30 Min. Zubereitung | 2 Std. 30 Min. Kühlen
Pro Stück ca. 305 kcal, 2 g EW, 23 g F, 22 g KH

1 Die Himbeeren verlesen, wenn nötig kurz abbrausen. 300 g Himbeeren mit Himbeersirup und 30 g Puderzucker aufkochen lassen, dann durch ein Sieb streichen. Die Butter klein würfeln, mit übrigem Puderzucker mit dem Schneebesen des Handrührgeräts cremig rühren. Die noch lauwarme Himbeersauce nach und nach unter Rühren dazugeben und zu einer luftigen Masse aufschlagen.

2 Die Oblaten mit zwei Drittel der Himbeercreme bestreichen und aufeinandersetzen. Die Oblaten mit einem Brett beschweren und 30 Min. in den Kühlschrank stellen. Danach die Torte rundum mit der übrigen Himbeercreme bestreichen und mit den übrigen Himbeeren garnieren. Die Torte vor dem Servieren 2 Std. kalt stellen.

TIPP

Etwas Himbeercreme in einen Spritzbeutel mit Sterntülle geben. Den Rand damit verzieren.

VARIANTE

100 g Vollmilchschokolade über dem heißen Wasserbad schmelzen lassen. Die Oblaten erst mit Schokolade, dann mit Creme bestreichen.

links: Himbeer-Schicht-Torte | rechts: Erdbeertorte

feine Sommertorte

Kirsch-Vanille-Torte

Schön in den Farben Schwarz-Rot-Weiß, bestechend einfach in der Zubereitung und sommersüß im Geschmack. Einfach unwiderstehlich!

Für den Boden:
50 g Butter
100 g Schokoraspel (Fertigprodukt)
100 g Cornflakes
Backpapier für die Form
Für den Belag:
400 g Sauerkirschen (frisch oder tiefgefroren)
450 ml Kirschsaft
1 Päckchen Vanillepuddingpulver (zum Kochen für 500 ml Milch)
2 EL Zucker
500 g Magerquark
250 g Mascarpone
100 g Puderzucker
2 Päckchen Vanillezucker
300 g Sahne
1 Päckchen Sahnesteif
je 12 Kirschen und Minzeblätter für die Deko

Für 1 Springform von 26 cm ∅ (12 Stücke)
40 Min. Zubereitung | 3 Std. Kühlen
Pro Stück ca. 410 kcal, 9 g EW, 25 g F, 38 G KH

1 Den Boden der Form mit Backpapier auslegen und mit dem Ring der Form umschließen (s. S. 7). Die Butter zerlassen, die Schokoraspel darin unter Rühren bei kleiner Hitze schmelzen lassen. Die Cornflakes in einem Gefrierbeutel mit dem Nudelholz grob zerdrücken und mit der Schokomasse vermischen. Die Masse auf den Boden der Form geben und flach drücken.

2 Für den Belag die frischen Kirschen waschen und entsteinen. 50 ml Kirschsaft mit dem Puddingpulver verrühren. Den restlichen Kirschsaft mit Zucker in einem Topf aufkochen lassen, das angerührte Puddingpulver dazugeben und zu einem festen Pudding kochen. Frische oder unaufgetaute Kirschen dazugeben und unterheben. Die Kirschmasse auf dem Boden verteilen und kalt stellen.

3 Den Quark mit Mascarpone, Puderzucker und Vanillezucker glatt rühren. Die Sahne mit Sahnesteif steif schlagen und unter die Quark-Mascarpone-Creme heben. Die Creme auf den Kirschen verteilen und glatt streichen. Die Torte abgedeckt 3 Std. kalt stellen. Die Torte zum Servieren aus der Form lösen, mit Kirschen und Minzeblättern verzieren.

VARIANTE – KIRSCHTORTE SCHWARZWÄLDER ART

1 Glas Sauerkirschen (ca. 350 g Abtropfgewicht) abtropfen lassen, dabei den Saft auffangen. 50 ml Kirschsaft mit 3 TL Speisestärke verrühren. Übrigen Saft mit 2 EL Zucker aufkochen lassen, die angerührte Stärke zugeben und unter Rühren dicklich einkochen lassen. Kirschen zugeben und kurz abkühlen lassen. Die Kirschen auf einem dunklen Biskuitboden (selbst gemacht oder Fertigprodukt) verteilen. Einen zweiten Boden darauflegen, mit 2 EL Kirschwasser beträufeln. 400 g Sahne mit 1 Päckchen Sahnesteif und 2 TL Puderzucker steif schlagen. Die Torte rundum mit Sahne bestreichen. Die übrige Sahne in einen Spritzbeutel mit Sterntülle füllen und in Tupfen auf die Torte spritzen. Mit 2 EL Schokoraspeln und frischen Kirschen verzieren.

exotische Verführer

Kokos-Creme-Schnitten

150 g Butterkekse
125 g Butter | 1 EL Kokosraspel
2 Dosen Mango (à ca. 225 g Abtropfgewicht)
100 g Puderzucker
8 Blatt weiße Gelatine
400 ml cremige Kokosmilch (aus der Dose)
200 g Frischkäse mit Joghurt
2 EL Agavendicksaft | 300 g Sahne
2 EL Kokoslikör (nach Belieben)
Kokoschips für die Deko
Backpapier für die Form

Für 1 Form von 24 x 24 cm (12 Stücke)
45 Min. Zubereitung | 3 Std. 20 Min. Kühlen
Pro Stück ca. 325 kcal, 4 g EW, 21 g F, 29 g KH

1 Kekse fein zerbröseln. Den Boden der Form mit Backpapier auslegen. Butter zerlassen, mit Bröseln und Kokosraspeln vermischen. Die Masse auf den Boden der Form geben und flach drücken.

2 Mangos abtropfen lassen, würfeln, mit Puderzucker pürieren. Etwa die Hälfte davon auf den Boden streichen und kalt stellen. Gelatine in kaltem Wasser einweichen. Die Kokosmilch erwärmen. Die Gelatine leicht ausdrücken, unter Rühren darin auflösen und zum Gelieren ca. 20 Min. kalt stellen.

3 Frischkäse mit Agavendicksaft glatt rühren. Sahne steif schlagen. Frischkäse mit Kokoscreme und Sahne verrühren. Nach Belieben Kokoslikör unterrühren. Die Kokoscreme auf den Boden geben, glatt streichen. Übriges Mangopüree darauf verteilen. Die Torte 3 Std. kalt stellen. Die Torte in Schnitten (ca. 3 x 4 cm) schneiden, mit Kokoschips garnieren.

sommerlich leicht

Maracujatorte

3 helle Wiener Böden (Fertigprodukt)
4 EL Aprikosenkonfitüre
4 reife Bananen
750 ml Maracujanektar
2 EL Speisestärke
1 Päckchen Vanillezucker
200 g Sahne
1 EL Maracujasirup (nach Belieben)

Für 14 Stücke
30 Min. Zubereitung | 12 Std. Kühlen
Pro Stück ca. 280 kcal, 4 g EW, 7 g F, 46 g KH

1 Einen Biskuitboden auf eine Platte legen und mit einem Tortenring umschließen (s. S. 7). Die Konfitüre erwärmen, die Hälfte davon auf den Boden streichen. Die Bananen schälen, längs halbieren und die Hälften auf den Boden legen. Den zweiten Boden auflegen und mit der restlichen Konfitüre bestreichen.

2 100 ml Maracujanektar und Speisestärke glatt rühren. Den übrigen Nektar mit Vanillezucker aufkochen lassen. Die angerührte Speisestärke dazugeben und den Nektar unter Rühren bei kleiner Hitze dicklich einkochen lassen. Dann noch warm auf den zweiten Boden gießen, den dritten Boden auflegen. Die Torte 12 Std. kalt stellen.

3 Den Tortenring entfernen. Die Sahne steif schlagen und wellenförmig auf der Torte verteilen. Nach Belieben Maracujasirup in einen Einwegspritzbeutel geben, ein winziges Loch einstechen und den Sirup in feinen Linien auf die Sahne spritzen.

oben: Kokos-Creme-Schnitten | unten: Maracujatorte

schnell | gelingt leicht

Preiselbeer-Sahne-Torte

Die Torte hat einen ungewöhnlichen Boden aus Pumpernickel, ist blitzschnell zubereitet und ein Highlight auf jedem Kuchenbüfett.

Für den Boden: 250 g Pumpernickel | 100 g Zartbitterkuvertüre | 50 g Butter
Für den Belag: 400 g Sahne | 2 Päckchen Sahnesteif | 1 EL Puderzucker | 200 g Preiselbeeren (aus dem Glas) | 12 kleine Schokotäfelchen für die Deko

Für 1 Tortenring von 24 cm ∅ (10 Stücke)
25 Min. Zubereitung | 2 Std. Kühlen
Pro Stück ca. 300 kcal, 4 g EW, 22 g F, 22 g KH

1 Pumpernickel von Hand oder im Blitzhacker fein zerbröseln. Die Kuvertüre grob hacken, mit der Butter in einen Topf geben und bei mittlerer Hitze schmelzen lassen. Die Pumpernickelbrösel untermischen. Eine Tortenplatte mit einem Tortenring umschließen (s. S. 7). Die Pumpernickelmasse daraufgeben und mit der Hand flach drücken.

2 Die Sahne mit Sahnesteif und Puderzucker steif schlagen. Die Preiselbeeren löffelweise unterheben. Die Preiselbeersahne auf den Boden geben und glatt streichen. Die Torte 2 Std. kalt stellen. Zum Servieren den Tortenring vorsichtig entfernen. Die Schokotäfelchen an den Tortenrand drücken.

VARIANTE – CRANBERRYTORTE

Den Boden wie im Rezept oben zubereiten. Statt Preiselbeeren aus dem Glas 200 g frische Cranberrys kurz abbrausen, mit 75 g Puderzucker in einem Topf bei mittlerer Hitze 3–4 Min. köcheln, dann abkühlen lassen. 400 g Sahne mit Sahnesteif steif schlagen, die Cranberrys löffelweise und dann 50 g Schokoraspel unter die Sahne ziehen. Die Cranberry-Sahne auf dem Boden verteilen und die Torte 2 Std. kalt stellen.

ganz einfach

Aprikosentarte

1 Obstkuchenboden (24–28 cm ∅; Fertigprodukt) | 2 EL Aprikosenkonfitüre | 1 Päckchen Aprikose-Maracuja-Cremepulver zum Kaltrühren (z. B. von Dr. Oetker) | 150 g Joghurt (3,5 % Fett) | 1 Dose Aprikosen (ca. 490 g Abtropfgewicht) | 1 Päckchen Tortenguss (ohne Kochen)

Für 12 Stücke
20 Min. Zubereitung | 30 Min. Kühlen
Pro Stück ca. 95 kcal, 2 g EW, 1 g F, 21 g KH

1 Boden auf eine Platte legen. Konfitüre erwärmen, durch ein Sieb streichen. Boden damit bestreichen. Cremepulver mit 200 ml Wasser verrühren, mit dem Handrührgerät auf höchster Stufe 3 Min. schaumig schlagen. Joghurt unterrühren. Creme auf dem Boden verteilen. Tarte 30 Min. kalt stellen. Aprikosen abtropfen lassen, die Hälften fächerartig einschneiden, dekorativ auf der Creme verteilen. Tortenguss mit ¼ l Wasser verrühren. Früchte mit Guss überziehen.

gelingt leicht | für Gourmets | geht schnell

Pflaumentorte

150 g Amaretti (italienische Mandelmakronen) | 125 g Butter | 50 g gemahlene Walnüsse | 750 g blaue Pflaumen (oder Zwetschgen) | 100 g Johannisbeergelee | 1 Päckchen Tortenguss (ohne Kochen) | Backpapier für die Form

Für 1 Springform von 24 cm ∅ (8 Stücke)
25 Min. Zubereitung
Pro Stück ca. 310 kcal, 3 g EW, 18 g F, 34 g KH

1 Boden der Form mit Backpapier auslegen. Amaretti in einem Gefrierbeutel zerbröseln. Butter zerlassen, mit Bröseln und Nüssen verkneten. Die Masse auf den Boden der Form drücken, kalt stellen.

2 Pflaumen waschen, halbieren und entsteinen. Johannisbeergelee erwärmen. Den Boden mit 2 EL Gelee bestreichen. Rest mit Pflaumen mischen und auf dem Boden verteilen. Den Tortenguss mit ¼ l Wasser verrühren und über die Pflaumen gießen. Die Torte kalt stellen.

erfrischend zitronig

Zitronentorte

175 g Löffelbiskuits
1 EL frisch gepresster Zitronensaft
300 g Sahne
50 g Zitronenwaffeln (Fertigprodukt)
3 Bio-Zitronen
200 ml Prosecco (oder heller Traubensaft)
1 Päckchen Vanilla-Tortencremepulver (z. B. von Dr. Oetker)
2 EL Puderzucker | Backpapier für die Form

Für 1 Springform von 24 cm ∅ (10 Stücke)
30 Min. Zubereitung | 2 Std. Kühlen
Pro Stück ca. 230 kcal, 3 g EW, 12 g F, 24 g KH

1 Die Löffelbiskuits in einem Gefrierbeutel mit dem Nudelholz fein zerbröseln. Den Boden der Form mit Backpapier auslegen (s. S. 7). Brösel mit Zitronensaft und 100 g Sahne mischen. Die Masse auf den Boden der Form drücken. Zitronenwaffeln mit dem Messer fein hacken und über die Bröselmasse streuen.

2 Die Zitronen waschen und abtrocknen. Die Schale von 1 Zitrone hauchdünn abschälen und in sehr feine Streifen schneiden. Den Saft der Zitronen auspressen. Zitronensaft und Prosecco mit dem Tortencremepulver glatt rühren. 200 g Sahne steif schlagen und unterheben. Die Zitronencreme auf dem Boden verteilen, dabei in Spitzen leicht hochziehen.

3 Den Puderzucker mit 50 ml Wasser in einem Topf aufkochen lassen. Zitronenschalenstreifen dazugeben und bei kleiner Hitze ca. 2 Min. ziehen lassen. Die Streifen herausnehmen und auf Klarsichtfolie trocknen lassen. Die Torte mit den Zitronenstreifen garnieren und 2 Std. kalt stellen.

leichter Fruchtgenuss

Melonentorte

2 Melonen (z. B. Galia; à ca. 800 g)
1 TL Puderzucker | 75 g Zucker
3 EL frisch gepresster Zitronensaft
2 EL Speisestärke
1 EL Waldmeistersirup (nach Belieben)
3 Biskuitböden (20–22 cm ∅, selbst gemacht oder Fertigprodukt)
300 g Sahne

Für 1 Tortenring von 20–22 cm ∅ (10 Stücke)
40 Min. Zubereitung | 2 Std. Kühlen
Pro Stück ca. 340 kcal, 5 g EW, 12 g F, 52 g KH

1 Die Melonen halbieren und entkernen. Für die Deko einige Kugeln ausstechen, mit Puderzucker bestäuben und zugedeckt beiseitestellen. Den Rest schälen und das Fruchtfleisch klein würfeln. Zucker mit 200 ml Wasser aufkochen und köcheln lassen, bis der Zucker gelöst ist. Zitronensaft und Melonenwürfel dazugeben und in 8–10 Min. weich kochen.

2 Melonen pürieren. Etwas Wasser und Speisestärke glatt rühren, unter das Püree rühren. Püree kurz aufkochen lassen, dann beiseitestellen. Nach Belieben den Waldmeistersirup unterrühren.

3 Einen Biskuitboden auf eine Platte legen, mit einem Tortenring umschließen. Ein Drittel Melonenpüree auf den Boden geben. Den zweiten Boden auflegen, ein Drittel Melonenpüree daraufgeben. Den dritten Boden auflegen. Die Sahne steif schlagen, übriges Melonenpüree unterrühren. Melonensahne nur auf die Oberfläche der Torte streichen, so dass am Rand die Schichten zu sehen sind. Die Torte abgedeckt 2 Std. kalt stellen. Mit den Melonenkugeln dekoriert servieren.

oben: Zitronentorte | unten: Melonentorte

raffiniert | fein-aromatisch

Cantuccini-Pfirsich-Reistorte

Eine zarte Reiscreme sanft gebettet auf zerbröselten Mandelkeksen und Pfirsichen. Da kommen Sie garantiert ins Schwelgen!

200 g Cantuccini (italienische Mandelkekse)
100 g weiche Butter
350 ml Milch | 150 g Milchreis
½ Vanilleschote | ½ Stange Zimt
2 Kardamomkapseln
1 Bio-Zitrone | 250 g Mascarpone
50 g + 2 TL Puderzucker
1 Dose Pfirsiche (ca. 490 g Abtropfgewicht)
300 g Sahne | 1 Päckchen Sahnesteif
50 g Mandelstifte
2 frische Pfirsiche
Backpapier für die Form

Für 1 Springform von 26 cm ∅ (14 Stücke)
1 Std. 5 Min. Zubereitung
2 Std. 20 Min. Kühlen
Pro Stück ca. 370 kcal, 5 g EW, 27 g F 25 g KH

1 Den Boden der Form mit Backpapier auslegen und mit dem Ring der Form umschließen (s. S. 7). Die Cantuccini in einem Gefrierbeutel mit dem Nudelholz zerbröseln. 50 g Brösel beiseitestellen. Die restlichen Brösel mit der Butter vermischen. Die Masse auf den Boden der Form drücken und abgedeckt kalt stellen.

2 Milch und Milchreis in einen Topf geben. Die Vanilleschote längs aufschlitzen und das Mark dazukratzen. Vanilleschote, Zimtstange und die Kardamomkapseln dazugeben. Alles aufkochen lassen und den Reis zugedeckt bei kleiner Hitze ca. 20 Min. quellen lassen. Die Gewürze entfernen.

3 Zitrone heiß waschen und abtrocknen, 1 TL Schale abreiben und den Saft auspressen. Zitronensaft und -schale mit Mascarpone und 50 g Puderzucker glatt rühren. Den noch warmen Milchreis unterrühren. Die Masse 20 Min. kalt stellen.

4 Die Pfirsiche aus der Dose abtropfen lassen. Die Sahne mit Sahnesteif steif schlagen. Mandelstifte mit 2 TL Puderzucker und den übrigen Bröseln in einer kleinen Pfanne ohne Fett goldbraun rösten.

5 Die Sahne unter den Milchreis rühren und die Hälfte auf den Boden streichen. Die Pfirsichhälften mit der Wölbung nach unten darauf verteilen. Die übrige Reiscreme daraufgeben und glatt streichen.

6 Die frischen Pfirsiche waschen, abtrocknen, halbieren, entsteinen und quer in Scheiben schneiden. Die Pfirsichscheiben und Cantuccini-Mandel-Brösel dekorativ auf der Oberfläche der Torte verteilen. Die Torte abgedeckt 2 Std. kalt stellen.

VARIANTE MIT KANDIERTEN FRÜCHTEN

Den Boden wie oben zubereiten und in die Form drücken. Je 30 g Zitronat und Orangeat und 40 g Belegkirschen klein würfeln. Den Früchtemix mit 2 EL frisch gepresstem Zitronensaft oder nach Belieben mit Orangenlikör mischen und zugedeckt bis zum Gebrauch stehen lassen. Reiscreme wie oben zubereiten und die kandierten Früchte untermischen. Die Reiscreme auf dem Boden verteilen und glatt streichen. Die Torte 2 Std. kalt stellen. Eventuell mit kandierten Kirschen verzieren.

für Gäste

Panna-Cotta-Torte

175 g Butterkekse
125 g Butter | 6 Blatt weiße Gelatine
400 ml Milch | 600 g Sahne
½ Vanilleschote
50 g + 1 EL Zucker
500 g Rote Johannisbeeren
Saft von 1 Zitrone
2 EL rotes Johannisbeergelee
Backpapier für die Form

Für 1 Springform von 24 cm ∅ (10 Stücke)
40 Min. Zubereitung | 4 Std. Kühlen
Pro Stück ca. 440 kcal, 6 g EW, 33 g F, 27 g KH

1 Die Butterkekse fein zerbröseln. Den Boden der Form mit Backpapier auslegen. Die Butter zerlassen, mit den Bröseln verkneten und auf den Boden der Form drücken.

2 Gelatine kalt einweichen. Milch und 300 g Sahne in einen Topf geben. Vanilleschote längs aufschlitzen, das Mark dazukratzen. Vanilleschote und 50 g Zucker zugeben, alles aufkochen und 10 Min. köcheln lassen. Vanilleschote entfernen. Gelatine ausdrücken und darin unter Rühren auflösen. Ca. 1 Std. kalt stellen, dabei ab und zu umrühren.

3 Johannisbeeren waschen, trocken tupfen, einige Rispen in Zitronensaft wenden, mit 1 EL Zucker bestreuen. Übrige Beeren abzupfen. Gelee erwärmen, auf den Boden streichen. Übrige Sahne steif schlagen. Gelierende Masse unter die Sahne rühren. Johannisbeeren unter die Hälfte der Creme heben. Auf dem Boden verteilen. Übrige Creme daraufgeben, glatt streichen. Abgedeckt 3 Std. kalt stellen. Mit Johannisbeerrispen dekorieren.

fruchtig frisch

Exotentorte

1 Obstkuchenboden (24–28 cm ∅; Fertigprodukt)
1 EL Orangenmarmelade
1 Päckchen Vanillepudding zum Kaltrühren (z. B. Paradiescreme von Dr. Oetker)
300 ml Milch
2 EL Maracujasirup (Fertigprodukt)
1 EL Kokosraspel | 1 Limette
750 g exotische Früchte (z. B. Mango, Kiwi, Physalis, Bananen)
1 Päckchen heller Tortenguss

Für 10 Stücke
25 Min. Zubereitung | 1 Std. Kühlen
Pro Stück ca. 180 kcal, 4 g EW, 3 g F, 32 g KH

1 Den Obstkuchenboden mit Marmelade bestreichen. Das Cremepulver mit 300 ml Milch nach Packungsangabe zubereiten. 1 EL Maracujasirup und die Kokosraspeln unterrühren. Die Creme auf den Boden geben und glatt streichen. Den Saft der Limette auspressen.

2 Mangos schälen, das Fruchtfleisch vom Stein schneiden und in dünne Spalten schneiden. Mit Limettensaft beträufeln. Kiwi und Banane schälen und in Scheiben schneiden. Physalis aus den Hülsen nehmen, waschen, trocken tupfen und halbieren.

3 Den Obstkuchenboden mit den Früchten belegen. 230 ml Wasser mit Tortenguss und übrigem Maracujasirup verrühren und unter Rühren aufkochen lassen. Den Guss auf den Früchten verteilen. Die Torte abgedeckt 1 Std. kalt stellen.

oben: Panna-Cotta-Torte | unten: Exotentorte

★ AUSGEWÄHLT ★ VON DER GU-KOCHBUCHREDAKTION

fruchtig | sommerlich

Süßkirschen-Pumpernickel-Torte

Das Sieger-Rezept des Großen GU-Rezeptwettbewerbs auf küchengötter.de! Mit ihrer raffinierten Kühlschranktorte überzeugte Küchengöttin »auchwas« die Kochbuchredaktion.

5 Blatt weiße Gelatine
250 g Pumpernickel
50 g Butter
80 g Marzipanrohmasse
1 kg Süßkirschen
1 Päckchen Vanillepuddingpulver
350 ml Milch | 50 g Zucker | 200 g Sahne
etwas abgeriebene Zartbitterschokolade
Eiswürfel

Für 1 Tortenring von 26 cm ∅ (12 Stücke)
30 Min. Zubereitung | 3 Std. Kühlen
Pro Stück ca. 255 kcal, 5 g EW, 12 g F, 30 g KH

1 Die Gelatine in kaltem Wasser einweichen. Den Pumpernickel im Blitzhacker zu Bröseln zerhacken. Die Butter in einer Pfanne zerlassen, die Pumpernickelbrösel darin kurz anrösten und abkühlen lassen. Die Brösel mit 60 g Marzipanrohmasse verkneten. Einen Tortenring auf eine Tortenplatte stellen. Die Brösel auf den Boden der Platte drücken.

2 Die Kirschen waschen, entstielen und entsteinen. 12 Kirschen für die Deko beiseitelegen.

3 Das Puddingpulver mit 350 ml Milch und Zucker nach Packungsangabe anrühren und zu einem Pudding kochen. Die restliche Marzipanrohmasse grob reiben und dazugeben. Die Gelatine ausdrücken, in einen Topf geben und mit 2 EL heißem Wasser auflösen. Mit ein paar Löffeln Pudding verrühren. Die aufgelöste Gelatine mit dem Schneebesen unter den übrigen Pudding rühren. Die Masse in eine Schüssel füllen und auf Eiswürfeln unter Rühren abkühlen lassen.

4 Die Sahne steif schlagen und unter den Pudding heben, dann die Kirschen unterheben. Die Sahnemischung auf den Boden geben und die Oberfläche glatt streichen. Die Torte 3 Std. kalt stellen.

5 Zum Servieren den Tortenring vorsichtig lösen. Die Torte mit den restlichen Kirschen und geriebener Schokolade verzieren.

Cremig, leicht, schokoladig

Versuchung pur: Nugat mit Nüssen oder Schoko mit Marzipan! In dieser und in anderer Kombination kommen die kühlen Torten daher. Kann da einer widerstehen? Mein Favorit unter den schokoladig-cremigen Torten ist diese Tarte. Die feine Schokocreme mit einem Hauch Minze auf zartem Mürbeteigboden überrascht und begeistert.

Schoko-Minze-Tarte

1 Mürbeteigboden (26–28 cm ∅;
selbst gemacht oder Fertigprodukt)
50 g Zartbitterkuvertüre
200 g Sahne
1 TL Puderzucker
200 g Bitterschokolade mit Minze
(60 % Kakaoanteil)
Schoko-Minz-Sticks (Fertigprodukt) für
die Deko

Für 12 Stücke
30 Min. Zubereitung | 2 Std. Kühlen
Pro Stück ca. 330 kcal, 4 g EW, 21 g F, 30 g KH

1 Den Mürbeteigboden bereitstellen. Die Kuvertüre grob hacken und über dem heißen Wasserbad schmelzen lassen. Den Mürbeteigboden mit der Kuvertüre bestreichen.

2 Die Sahne mit dem Puderzucker in einem Topf erhitzen. Die Schokolade in Stücke brechen, dazugeben und unter Rühren schmelzen lassen.

3 Die Minze-Schoko-Creme auf dem Boden mit der Kuvertüre verteilen und glatt streichen. Die Oberfläche mit Schoko-Minz-Sticks dekorieren. Die Tarte abgedeckt 2 Std. kalt stellen.

TIPPS

Servieren Sie die Tarte mit frischen Früchten oder Beeren der Saison und dazu Schlagsahne oder Vanilleeis. Wer keine Minzschokolade mag, kann die Tarte auch mit Zartbitter- oder Nugatschokolade zubereiten. Die Minzetarte zum Aufbewahren mit Klarsichtfolie abdecken und in den Kühlschrank stellen. So hält sie sich mindestens 3–4 Tage frisch.

Klassiker auf neue Art

Käsesahne

150 g Schokoladenkekse
125 g Butter
1 Päckchen Vanillezucker
6 Blatt weiße Gelatine
1 Bio-Zitrone | 3 frische Eigelb
100 g Puderzucker
500 g Schichtkäse | 500 g Sahne
2 EL Aprikosenkonfitüre
Backpapier für die Form

Für 1 Springform von 26 cm ∅ (12 Stücke)
40 Min. Zubereitung | 3 Std. Kühlen
Pro Stück ca. 370 kcal, 8 g EW, 28 g F, 22 g KH

1 Die Kekse fein zerbröseln. Den Boden der Form mit Backpapier auslegen. Butter zerlassen, mit Bröseln und Vanillezucker verkneten. Die Masse auf den Boden der Form drücken und kalt stellen.

2 Gelatine kalt einweichen. Zitrone heiß waschen und abtrocknen, 1 TL Schale abreiben und den Saft auspressen. Eigelbe mit Puderzucker über dem heißen Wasserbad dickcremig schlagen. Schichtkäse mit Zitronensaft glatt rühren. Gelatine ausdrücken und 2–3 EL Wasser unter Rühren erwärmen, bis sich die Gelatine gelöst hat. Mit 2 EL Käsecreme mischen, dann mit der Eigelbcreme gründlich unter die Käsecreme rühren.

3 Die Sahne steif schlagen und unter die Käsecreme heben. Die Konfitüre erwärmen und auf den Boden streichen. Die Käsesahne darauf verteilen und glatt streichen. Abgedeckt 3 Std. kalt stellen.

einfach genießen

Chocolate-Cheesecake

150 g Amaretti (italienische Mandelmakronen)
125 g Butter
50 g gemahlene Mandeln
2 EL Zitronengelee
250 g weiße Schokolade
100 g Crème fraîche
600 g Doppelrahmfrischkäse
1 Päckchen Vanillezucker
50 g Puderzucker
Backpapier für die Form

Für 1 Springform von 24 cm ∅ (10 Stücke)
30 Min. Zubereitung | 3 Std. Kühlen
Pro Stück ca. 540 kcal, 6 g EW, 42 g F, 35 g KH

1 Die Amaretti in einem Gefrierbeutel mit dem Nudelholz fein zerbröseln. Den Boden der Form mit Backpapier auslegen (s. S. 7). Die Butter zerlassen, mit den Mandeln und Bröseln verrühren und auf den Boden der Form drücken. Das Zitronengelee verrühren und daraufstreichen. Den Boden abgedeckt kalt stellen.

2 200 g weiße Schokolade grob hacken. Die Crème fraîche bei kleiner Hitze erwärmen, die gehackte Schokolade darin schmelzen lassen. Frischkäse, Vanillezucker und Puderzucker glatt rühren. Die Schokocreme unterrühren. Die Creme auf dem Boden verteilen und glatt streichen. Den Kuchen abgedeckt 3 Std. kalt stellen.

3 Vor dem Servieren die restliche Schokolade mit einem Messer in Späne hobeln und den Kuchen damit bestreuen.

oben: Käsesahne | unten: Chocolate-Cheesecake

Schokotraum zum Dahinschmelzen

Schokoladentorte black & white

Diese Torte ist nicht nur ein Highlight für den Gaumen, sondern mit ihrem Schwarz-Weiß-Muster auch ein wahres Fest fürs Auge.

Für den Boden:
150 g Butterkekse mit Schokolade
125 g Butter
2 EL Aprikosenkonfitüre
Backpapier für die Form
Für den Belag:
200 g Zartbitterschokolade
150 g weiße Schokolade
500 g Sahne
250 g Ricotta (italienischer Frischkäse)
2 Päckchen Sahnesteif
Schokoladensticks (oder Schokoröllchen; Fertigprodukt) für die Deko

Für 1 Springform von 24 cm ∅ (12 Stücke)
50 Min. Zubereitung | 3 Std. Kühlen
Pro Stück ca. 480 kcal, 6 g EW, 38 g F, 30 g KH

1 Die Kekse in einen Gefrierbeutel geben und mit dem Nudelholz fein zerbröseln. Den Boden der Form mit Backpapier auslegen und mit dem Formrand umschließen (s. S. 7). Die Butter zerlassen, mit den Keksen gut vermischen und auf den Boden der Form drücken. Die Konfitüre in einem kleinen Topf bei kleiner Hitze erwärmen. Den Boden damit bestreichen (Bild 1) und abgedeckt kalt stellen.

2 Die Zartbitterschokolade und weiße Schokolade getrennt in Stücke brechen. Die Zartbitterschokolade in 100 g Sahne unter Rühren schmelzen lassen. Die weiße Schokolade in 50 g Sahne ebenfalls unter Rühren schmelzen lassen. Beide Schokoladensorten abkühlen lassen.

3 Den Ricotta glatt rühren und die weiße Schokolade unterrühren. Die restliche Sahne mit Sahnesteif steif schlagen. Die weiße Schokocreme unter Rühren löffelweise unter die Hälfte der Sahne rühren. Die dunkle Schokocreme ebenfalls unter Rühren löffelweise unter die zweite Sahnehälfte rühren. Ein Drittel davon zum Bestreichen der Oberfläche abnehmen und beiseitestellen.

4 Die helle und dunkle Creme getrennt in einen Spritzbeutel mit Lochtülle füllen (Bild 2) und in 2 Schichten auf den Boden spritzen. Zuerst helle und dunkle Creme im Wechsel von außen nach innen dicht an dicht kreisförmig auf den Boden spritzen (Bild 3).

5 Bei der zweiten Schicht zuerst die dunkle Creme (Bild 4), dann die helle Creme kreisförmig aufspritzen, so dass man beim Anschneiden ein Schachbrettmuster sieht. Die übrige dunkle Creme auf der Oberfläche verteilen und glatt streichen. Die Torte abgedeckt 3 Std. kalt stellen. Die Torte zum Servieren aus der Form lösen (s. S. 7) und mit Schokoladensticks garnieren.

SERVIERTIPP

Die Schokoladentorte schmeckt auch leicht geeist sehr gut. Dafür die Torte ca. 30 Min. vor dem Servieren in das Tiefkühlfach stellen.

1

2

3

4

5

klassisch gut

Marzipantorte

100 g Zartbitterkuvertüre
1 EL Zucker | 1 Würfel Kokosfett (ca. 20 g)
100 g Puderzucker
200 g Marzipanrohmasse
1 TL frisch gepresster Zitronensaft
250 g Aprikosenkonfitüre
3 helle Wiener Böden (Fertigprodukt)
1 Marzipandecke (fertig ausgerollt aus dem Backwarenregal)
Kakaopulver zum Bestäuben
200 g Sahne | 1 Päckchen Vanillezucker
14 Belegkirschen

Für 14 Stücke
35 Min. Zubereitung | 2 Std. Kühlen
Pro Stück ca. 450 kcal, 6 g EW, 15 g F, 71 g KH

1 Kuvertüre in Stücke brechen. 3 EL Wasser mit Zucker und Kokosfett aufkochen lassen, Kuvertüre zugeben und glatt verrühren. Puderzucker mit Marzipanrohmasse und Zitronensaft verkneten. Zwischen Folie in Größe des Wiener Bodens ausrollen. Konfitüre erwärmen, durch ein Sieb streichen.

2 Biskuitböden mit Konfitüre bestreichen. Untersten Boden mit Schokocreme bestreichen. Den zweiten Boden mit der Konfitüre nach oben auflegen, leicht andrücken. Ausgerollte Marzipanplatte auflegen. Den dritten Boden mit der Konfitüre nach oben auflegen. Die fertige Marzipandecke auflegen und rundum andrücken. Mit Kakaopulver bestäuben.

3 Die Sahne mit Vanillezucker steif schlagen. 12 Sahnetupfen auf die Torte spritzen. Belegkirschen daraufsetzen. Abgedeckt 2 Std. kalt stellen.

zum Naschen für zwischendurch

Nugat-Keks-Schnitten

200 g Nussnugat
1 TL Instant-Kaffeepulver
150 g weiche Butter
75 g Zucker
1 Prise Salz | 1 Ei
200 g gemahlene Haselnüsse
1 EL Mandellikör (nach Belieben)
200 g Butterkekse
50 g Schokoraspel
1 TL Kakaopulver (nach Belieben)

Für 1 Kastenform, ca. 24 cm Länge (20 Stücke)
20 Min. Zubereitung | 12 Std. Kühlen
Pro Stück ca. 230 kcal, 3 g EW, 17 g F, 16 g KH

1 Den Nugat grob hacken und mit Kaffeepulver in eine Schüssel geben und über dem heißen Wasserbad schmelzen lassen. Inzwischen die Butter mit Zucker, dem Salz und Ei mit dem Handrührgerät cremig rühren. Nugat, Nüsse und nach Belieben den Likör unterrühren.

2 Eine Kastenform mit Klarsichtfolie auslegen. Die Butterkekse und Nugatcreme schichtweise in die Form geben. Die oberste Schicht sollte aus Keksen sein. Die Form 2 Std. in den Kühlschrank stellen.

3 Die Torte aus der Form stürzen, die Folie entfernen. Die Schokoraspel über dem heißen Wasserbad schmelzen lassen. In einen Einwegspritzbeutel füllen, ein winziges Loch einschneiden. Die Schokolade in feinen Linien aufspritzen. Nach Belieben mit Kakaopulver bestäuben. Abgedeckt kalt stellen. Zum Servieren in Scheiben schneiden.

links: Marzipantorte | rechts: Nugat-Keks-Schnitten

für Überraschungsgäste

Giotto-Törtchen

100 g Zartbitterkuvertüre | 1 TL neutrales Pflanzenöl | 8 Biskuittorteletts (Fertigprodukt) | 50 g gehackte Haselnüsse | 1 EL Puderzucker | 16 Giotto-Pralinen | 300 g Sahne | 2 Päckchen Sahnesteif | 100 g Mascarpone | 1 Päckchen Vanillezucker

Für 8 Stück
20 Min. Zubereitung | 2 Std. Kühlen
Pro Stück ca. 460 kcal, 6 g EW, 34 g F, 31 g KH

1 Kuvertüre grob hacken, mit Öl über dem heißen Wasserbad schmelzen lassen. Torteletts damit bestreichen. Haselnüsse mit Puderzucker mischen, rösten und abkühlen lassen. 8 Giotto-Pralinen leicht zerdrücken. Sahne mit Sahnesteif steif schlagen. Mascarpone mit Vanillezucker cremig rühren und löffelweise unter die Sahne rühren. Nüsse und zerdrückte Giotto-Pralinen locker unter die Sahnecreme mischen. Creme auf den Torteletts verteilen. Mit je einer Giotto-Praline verzieren.

beliebt bei Groß und Klein

Schokokuss-Törtchen

6 Schokoküsse | 200 g Frischkäse mit Joghurt | 1 Päckchen Vanillezucker | 250 g Sahne | 1 Päckchen Sahnesteif | 1 Packung Bio-Honigwaffeln (6 Stück) | 50 g Schokoraspel

Für 6 Stück | 15 Min. Zubereitung
Pro Stück ca. 730 kcal, 8 g EW, 34 g F, 96 g KH

1 Die Waffelböden von den Schokoküssen abschneiden und fein würfeln. Die Schokokussmasse fein zerdrücken. Frischkäse mit Vanillezucker glatt rühren. Zerdrückte Schokokussmasse und Waffelwürfelchen unterrühren. Die Sahne mit Sahnesteif steif schlagen und unter die Frischkäsecreme heben.

2 Die Creme auf den Honigwaffeln verteilen. Dann mit den Schokoraspeln bestreuen und die Törtchen sofort servieren.

mit viel Milch

Cappuccino-Torte

4 Blatt weiße Gelatine | 100 ml frisch gekochter Espresso | 1 Schokoladenbiskuitboden (Fertigprodukt) | 400 ml Milch | 200 g Sahne | 2 EL Kaffeelikör (nach Belieben) | 2 Päckchen Vanillemousse (Fertigprodukt, z. B. von Dr. Oetker) | Kakaopulver zum Bestäuben

Für 1 Springform von 26–28 cm ∅ (12 Stücke)
25 Min. Zubereitung | 1 Std. Kühlen
Pro Stück ca. 180 kcal, 4 g EW, 8 g F, 23 g KH

1 Gelatine einweichen, in 3 EL heißem Espresso auflösen. Übrigen Espresso abkühlen lassen. Biskuit auf den Boden der Form legen. Mit Espresso beträufeln. Milch, Sahne, nach Belieben den Likör und Cremepulver mit dem Handrührgerät auf niedriger Stufe 1 Min. rühren, danach auf höchster Stufe 5 Min. cremig rühren. Aufgelöste Gelatine unterrühren. Creme auf den Biskuit streichen. Mindestens 1 Std. kalt stellen. Mit Kakaopulver bestäuben.

raffiniert

Espresso-Pastete

250 g Sahne | 1 TL Instant-Espressopulver | 200 g Mokkaschokolade | 2 EL Aprikosenkonfitüre | 1 Schokoladen- oder Sandkuchen (rechteckig, Fertigprodukt, z. B. von Sarotti oder Bahlsen) | 50 g gekühlte Zartbitterschokolade

Für 16 Stücke
25 Min. Zubereitung | 5 Std. Kühlen
Pro Stück ca. 250 kcal, 3 g EW, 17 g F, 22 g KH

1 Sahne mit Espressopulver aufkochen lassen. Schokolade in Stücken darin auflösen. 3 Std. kalt stellen. Konfitüre erwärmen, durch ein Sieb streichen. Kuchen dreimal längs durchschneiden. Espressosahne aufschlagen. Ein Drittel davon kalt stellen. Drei Kuchenböden mit Konfitüre, dann mit Creme bestreichen, aufeinandersetzen. Den vierten Boden obendrauf legen. In Folie wickeln, mit einem Brett beschweren, 2 Std. kalt stellen. Schokolade in Späne hobeln. Folie entfernen, Pastete mit übriger Creme bestreichen. Mit Schokospänen dekorieren.

die Schöne unter den Kühlen

Charlotte »Siciliana«

200 g kandierte Früchte (z. B. Orangen, Zitronen, Ananas, Kirschen)
2 EL Maraschinolikör (oder Orangensaft)
100 g Zartbitterschokolade
500 g Ricotta (italienischer Frischkäse)
100 g Puderzucker
1 Päckchen Vanillezucker
1 Päckchen Vanillecremepudding zum Kaltrühren (z. B. Paradiescreme von Dr. Oetker)
300 g Sahne | 200 g Löffelbiskuits
Backpapier für die Platte

Für 1 Tortenring von 20 cm ∅ (8 Stücke)
30 Min. Zubereitung | 2 Std. Kühlen
Pro Stück ca. 550 kcal, 11 g EW, 27 g F, 67 g KH

1 50 g kandierte Früchte für die Deko beiseitelegen. Den Rest klein würfeln und mit Likör mischen. Die Schokolade fein hacken.

2 Ricotta mit Puderzucker und Vanillezucker glatt rühren. Das Vanillecremepulver unterrühren. Die Sahne steif schlagen. Zwei Drittel der Sahne unter die Ricottacreme rühren. Die gewürfelten kandierten Früchte und Schokolade vorsichtig unterheben.

3 Eine Tortenplatte mit Backpapier belegen, den Tortenring daraufstellen. Von den Löffelbiskuits an einem Ende etwa ein Drittel gerade abschneiden, die Stücke im Gefrierbeutel zerbröseln und auf den Boden streuen. Die übrigen Löffelbiskuits an den den Rand des Tortenrings stellen. Die Creme einfüllen, die restliche Sahne darauf verteilen. Die Charlotte abgedeckt 3 Std. kalt stellen. Mit den übrigen kandierten Früchten garniert servieren.

ganz einfach

Zuppa Romana

1 Sandkuchen (selbst gemacht oder gekauft, ca. 400–500 g) | 2 Orangen
5 EL Puderzucker
1 EL Orangenlikör (nach Belieben)
1 Päckchen Sahnepuddingpulver (zum Kochen)
500 ml Milch | 200 g Sahne
100 g Früchtemix (Fertigprodukt oder klein gehackte kandierte Früchte)
1 Päckchen Sahnesteif
4–5 kandierte Zitronenscheiben
20 g Pistazienkerne (oder Pinienkerne)

Für 12 Stücke
25 Min. Zubereitung | 3 Std. Kühlen
Pro Stück ca. 330 kcal, 4 g EW, 18 g F, 36 g KH

1 Kuchen längs in 3 Scheiben schneiden. Saft der Orangen auspressen. 3 EL Puderzucker schmelzen lassen, Orangensaft zugeben und unter Rühren 1 Min. kochen, dann abkühlen lassen. Nach Belieben Likör unterrühren. Kuchen damit beträufeln.

2 Das Puddingpulver mit 100 ml Milch und 2 EL Puderzucker verrühren. 400 ml Milch erhitzen, angerührtes Puddingpulver zugeben und unter Rühren kurz aufkochen lassen. Den Pudding unter gelegentlichem Rühren abkühlen lassen.

3 100 g Sahne steif schlagen, nach und nach den Pudding unterrühren. Kuchenscheiben mit Creme bestreichen, mit Früchtemix bestreuen und aufeinandersetzen. 2 Std. kalt stellen. Übrige Sahne mit Sahnesteif steif schlagen, in einem Spritzbeutel mit Lochtülle auf die Torte spritzen. Mit kandierten Zitronenscheiben und Pistazienkernen verzieren.

oben: Charlotte »Siciliana« | unten: Zuppa Romana

Cocktailtorten & Eistorten

Lust auf Kühles oder Karibik-Feeling an einem heißen Sommertag? Dann her mit den geeisten Supertorten! Mal beschwipst, mal mit Baiser oder geschichtet im Glas – erfrischen tun sie alle. Das Eisvergnügen ist zwar blitzschnell zubereitet, braucht aber Zeit zum Gefrieren. Mein Tipp für Kinder: Geeiste Muffins oder Spaghetti-Eistörtchen.

Geeiste Früchte-Muffins

3 Aprikosen (oder Pfirsiche)
1 EL frisch gepresster Zitronensaft
2 EL Ahornsirup
600 g Sahnejoghurt
250 g Sahne
1 flexible Muffinform (oder 12 stabile Plastikbecher)

Für 12 Stück
20 Min. Zubereitung | 6 Std. Kühlen
Pro Stück ca. 140 kcal, 2 g EW, 11 g F, 10 g KH

1 Aprikosen waschen, entsteinen und klein würfeln. Aprikosenwürfel mit Zitronensaft und Ahornsirup in einem Topf kurz aufkochen lassen, dann beiseitestellen und pürieren. Das Püree kalt stellen.

2 Den Joghurt glatt rühren. Die Sahne steif schlagen. Den Joghurt unterrühren. Joghurtsahne und Aprikosenpüree abwechselnd in die Förmchen füllen, die Schichten mit einem Holzstäbchen leicht vermischen. Die Muffins mindestens 6 Std. ins Tiefkühlfach stellen.

TIPP

Eine flexible Kastenform (ca. 1 l Inhalt) mit Klarsichtfolie auslegen. Die Joghurtsahne und das Püree abwechselnd einfüllen und 6 Std. im Tiefkühlfach gefrieren lassen. Mit frischen Früchten servieren.

VARIANTE – SPAGHETTI-EISTÖRTCHEN

600 ml Vanilleeis ca. 10 Min. in den Kühlschrank stellen. 2 EL Erdbeerkonfitüre erwärmen. 8 Mürbeteig-Torteletts (ca. 8 cm ∅, Fertigprodukt) damit bestreichen. Vanilleeis durch eine Kartoffelpresse auf die Törtchen spritzen. Bis zum Gebrauch nochmals in den Kühlschrank stellen. Die Törtchen vor dem Servieren jeweils mit 1 TL Erdbeersauce (Fertigprodukt) beträufeln.

Karibik-Feeling

Piña-Colada-Torte

150 g Kokoszwieback (ca. 7 Stück)
125 g weiche Butter
Saft von 1 Zitrone | ¼ l Ananassaft
350 ml Kokosmilch (aus der Dose)
2 EL Kokoslikör (oder Kokossirup)
8 Blatt weiße Gelatine | 300 g Sahne
2 EL weißer Rum (nach Belieben)
10 Scheiben Ananas (aus der Dose)
3 EL Kokoschips (oder Kokosraspel)
10 Belegkirschen | 10 Minzeblättchen
Backpapier für die Form

Für 1 Springform von 24 cm ∅ (10 Stücke)
45 Min. Zubereitung | 3 Std. Kühlen
Pro Stück ca. 330 kcal, 4 g EW, 23 g F, 25 g KH

1 Zwieback fein zerbröseln. Boden der Form mit Backpapier auslegen. Butter zerlassen, mit Bröseln mischen. Die Masse auf den Boden drücken.

2 Zitronensaft, Ananassaft, 300 ml Kokosmilch und Kokoslikör verrühren. Gelatine in kaltem Wasser einweichen. 50 ml Kokosmilch erwärmen. Gelatine ausdrücken, darin auflösen und unter die Kokosmilchmischung rühren. Ca. 30 Min. kalt stellen.

3 Sahne steif schlagen, nach Belieben Rum unterrühren. 5 Ananasscheiben klein würfeln, 5 Scheiben halbieren. Sahne unter die gelierende Kokosmasse rühren. Ananaswürfel unter die Hälfte der Kokossahne heben, auf dem Boden verteilen. Übrige Kokossahne daraufgeben, glatt streichen. Abgedeckt 3 Std. kalt stellen. Ring entfernen. Die Torte auf eine Platte setzen, den Rand mit Kokoschips bestreuen. Mit übriger Ananas, Kirschen und Minze dekorieren.

Showtime für die Kühle

Irish-Coffee-Torte

175 g Schokokekse
125 g weiche Butter
6 Blatt weiße Gelatine
400 ml frisch gekochter Espresso
75 g Rohrzucker
100 g Kaffeesahne
400 g Sahne
2 EL Whiskey (nach Belieben)
Backpapier für die Form
Schokoröllchen (oder Schokospäne)

Für 1 Springform von 24 cm ∅ (10 Stücke)
45 Min. Zubereitung | 3 Std. Kühlen
Pro Stück ca. 370 kcal, 4 g EW, 29 g F, 22 g KH

1 Die Schokokekse in einem Gefrierbeutel mit dem Nudelholz fein zerbröseln. Den Boden der Form mit Backpapier auslegen (s. S. 7). Die Butter zerlassen und mit den Bröseln mischen. Die Masse auf den Boden der Form drücken und kalt stellen.

2 Die Gelatine in kaltem Wasser einweichen. Den Espresso mit Rohrzucker und Kaffeesahne in einem Topf aufkochen und bei kleiner Hitze köcheln lassen, bis der Zucker gelöst ist. Die Gelatine ausdrücken und darin auflösen. Den Kaffeesirup kalt stellen, bis er zu gelieren beginnt.

3 Die Sahne steif schlagen, nach Belieben Whiskey unterrühren. Die Hälfte der Sahne unter die gelierende Masse rühren und auf dem Tortenboden verteilen. Die Torte 3 Std. kalt stellen. Den Ring der Form entfernen. Die restliche Sahne locker auf der Torte verteilen. Mit Schokoröllchen bestreuen.

links: Piña-Colada-Torte | rechts: Irish-Coffee-Torte

Feines zur Happy Hour

Caipirinha-Torte

Gerührt und nicht geschüttelt! Limettensaft und ein Hauch Zuckerrohrschnaps geben der Torte das unverwechselbare Cocktailaroma.

150 g Löffelbiskuits
125 g weiche Butter
4 Bio-Limetten
100 g Puderzucker
400 g Schmant
4 EL Gelatinepulver (zum Kaltrühren)
400 g Sahne
3 EL Zuckerrohrschnaps (z. B. Cachaça, nach Belieben)
30 g gemahlene Pistazien
Backpapier für die Form

Für 1 Springform von 24 cm ∅ (10 Stücke)
45 Min. Zubereitung | 3 Std. Kühlen
Pro Stück ca. 460 kcal, 7 g EW, 35 g F, 26 g KH

1 Die Löffelbiskuits in einen Gefrierbeutel geben und mit dem Nudelholz fein zerbröseln. Den Boden der Form mit Backpapier auslegen und mit dem Ring der Form umschließen (s. S. 7). Die Butter zerlassen und mit den Bröseln mischen. Die Masse auf den Boden der Form drücken und abgedeckt in den Kühlschrank stellen.

2 Die Limetten heiß waschen, abtrocknen und die Schale von 2 Limetten abreiben. Den Saft von 3 Limetten auspressen. Die Limettenschalen mit dem Puderzucker vermischen. Den Schmant mit dem Limettensaft glatt rühren, das Gelatinepulver einrühren und die Puderzuckermischung gründlich unterrühren.

3 Die Sahne steif schlagen, nach Belieben den Zuckerrohrschnaps unterrühren. Die Sahne unter die Limettencreme heben. Die Limettensahne auf dem Boden verteilen und glatt streichen. Die Torte abgedeckt 3 Std. kalt stellen.

4 Für die Deko die übrige Limette in sehr dünne Scheiben schneiden und die Scheiben halbieren. Zum Servieren den Ring der Form vorsichtig entfernen. Die Oberfläche der Torte mit den halbierten Limettenscheiben belegen und den Tortenrand mit Pistazien bestreuen.

VARIANTE – LIMONCELLO-TORTE

Den Keksboden wie oben zubereiten und auf den Boden der Form drücken. 6 Blatt weiße Gelatine in kaltem Wasser einweichen. 2 frische Eigelb mit 75 g Puderzucker in einer Schüssel über dem heißen Wasserbad dickcremig schlagen. 75 ml Limoncello-Likör nach und nach unterrühren. Die Gelatine leicht ausdrücken und darin auflösen. 300 g Sahne steif schlagen. 250 g Mascarpone glatt rühren, dann die Limoncello-Creme nach und nach unterrühren. Die Sahne unterheben. Die Creme auf den Keksboden geben und glatt streichen. Abgedeckt 3 Std. kalt stellen. Für die Deko 1 Limette heiß waschen und abtrocknen. Die Schale hauchdünn abschälen und fein würfeln. Den Saft der Limette auspressen. Mit 1 EL Honig und 2 EL Wasser aufkochen lassen, Limettenwürfel zugeben und kurz köcheln lassen. Die Limettenwürfel herausnehmen, auf Küchenpapier abtropfen lassen und die Torte damit bestreuen.

für den besonderen Anlass

Baiser-Eistorte

Schön anzuschauen und umwerfend im Geschmack! Die Eistorte schafft es spielend, glänzender Anziehungspunkt Ihres Sommerfestes zu werden.

4 Baiserböden (26 cm ∅; beim Bäcker bestellen oder selbst gemacht)
200 g Zartbitterkuvertüre
600 g Himbeeren
900 g Sahne | 4 TL Puderzucker

Für 1 Tortenring von 26 cm ∅ (14 Stücke)
40 Min. Zubereitung | 13 Std. Gefrieren
1 Std. Kühlen
Pro Stück ca. 400 kcal, 5 g EW, 25 g F, 37 g KH

1 Die Baiserböden bereitstellen. Die Kuvertüre mit einem Messer grob hacken und in einer Schüssel über dem heißen Wasserbad schmelzen lassen. 3 Baiserböden mit der Kuvertüre bestreichen. Die Himbeeren verlesen.

2 Einen Baiserboden auf eine Tortenplatte legen und mit einem Tortenring umschließen (Bild 1). 200 g Sahne mit 1 TL Puderzucker steif schlagen. Die Sahne auf dem Boden verteilen und 150 g Beeren darüberstreuen. Den Boden 20 Min. in das Tiefkühlfach stellen.

3 Inzwischen wieder 200 g Sahne mit 1 TL Puderzucker steif schlagen. Den Boden herausnehmen, den zweiten Baiserboden auflegen, die Sahne darauf verteilen und mit 150 g Beeren bestreuen. Den Boden wieder 20 Min. in das Tiefkühlfach stellen.

4 Inzwischen 200 g Sahne mit 1 TL Puderzucker steif schlagen. Die Torte herausnehmen, den dritten Baiserboden auflegen, die Sahne darauf verteilen und 150 g Beeren darüberstreuen. Den vierten Baiserboden auflegen. Die Torte mindestens 12 Std. ins Tiefkühlfach stellen.

5 Etwa 1 Std. vor dem Servieren die Torte in den Kühlschrank stellen. Die restliche Sahne mit 1 TL Puderzucker steif schlagen. Die Eistorte mit der Sahne rundum locker bestreichen (Bild 2). Die Oberfläche mit den übrigen Himbeeren bestreuen. Die Torte sofort servieren.

TIPPS

Zum Aufschneiden der Torte ein sehr scharfes Messer oder ein elektrisches Messer nehmen. Als zusätzliche Deko 2 Baiserschalen (Fertigprodukt) zerbröseln und mit den Himbeeren auf die Oberfläche der Torte streuen.

BLITZ-VARIANTE

Eine Springform von 20 cm ∅ mit Klarsichtfolie auslegen. 200 g Amaretti (italienische Mandelmakronen) in einem Gefrierbeutel fein zerbröseln. 400 g Sahne mit 1 EL Puderzucker steif schlagen. 200 g Himbeeren verlesen. Brösel, Sahne, Himbeeren und 125 ml Schokosauce (Fertigprodukt) schichtweise in die Form geben: Zuerst die Brösel in die Form geben, dann die Sahne daraufstreichen und Himbeeren leicht in die Sahne drücken. Schokosauce in einen Einwegspritzbeutel füllen, ein winziges Loch einschneiden. Etwas Sauce in feinen Linien daraufspritzen. Mit Sahne und Schokosauce abschließen. Die Torte mindestens 12 Std. gefrieren lassen.

1

2

3

immer beliebt

Eisgugelhupf mit Karamellnüssen

Der Oldtimer unter den Eisgekühlten gelingt leicht, braucht viel Zeit zum Gefrieren und kommt mit seinem Karamellaroma überall gut an.

100 g Haselnusskerne
100 g Puderzucker
½ Vanilleschote
4 frische Eigelb
75 g feiner Zucker
500 g Sahne
Backpapier für das Backblech

Für 1 flexible Gugelhupfform (ca. 1,5 l Inhalt; 16 Stücke)
45 Min. Zubereitung | 12 Std. Gefrieren
Pro Stück ca. 200 kcal, 2 g EW, 15 g F, 13 g KH

1 Die Form kalt stellen. Den Backofen auf 200° (Umluft ungeeignet) vorheizen. Ein Backblech mit Backpapier auslegen. Die Haselnusskerne auf das Blech geben. Im Ofen (Mitte) in 6–8 Min. goldbraun rösten. Die Nüsse herausnehmen und auf ein sauberes Geschirrtuch stürzen. Die Schalen mit Hilfe des Tuches leicht abrubbeln. Die Haselnusskerne anschließend fein hacken.

2 Den Puderzucker in einer Pfanne schmelzen lassen, die Haselnusskerne dazugeben und unter Rühren karamellisieren lassen. Die Nüsse auf Backpapier geben und abkühlen lassen.

3 Die Vanilleschote längs aufschlitzen und das Mark herauskratzen. Die Eigelbe mit Vanillemark und Zucker in eine Metallschüssel geben und über dem heißen Wasserbad zu einer dicklichen Creme aufschlagen. Dann die Eiercreme in ein kaltes Wasserbad stellen, dabei ab und zu umrühren.

4 Inzwischen die Sahne nicht zu steif schlagen. Sahne und Nüsse unter die Eiercreme ziehen. Die Masse in die vorgekühlte Gugelhupfform füllen und mindestens 12 Std. ins Tiefkühlfach stellen. Den Eisgugelhupf in Stücke schneiden und servieren.

UND DAZU?

Karamellsauce: Dafür 3 EL Rohrzucker mit 3 EL Wasser in einem Topf erhitzen und rühren, bis der Zucker gelöst und ein leicht gebräunter Karamellsirup entstanden ist. 200 g Sahne oder 200 ml Milch mit 1 TL Vanillesaucenpulver verrühren, zum Karamellsirup geben und unter Rühren bei mittlerer Hitze in 6–8 Min. zu einer cremigen Karamellsauce einkochen lassen. Die Karamellsauce abkühlen lassen. Schneller geht's mit einer fertig gekauften Karamellsauce.

BLITZ-VARIANTE – KROKANT-EISTORTE

Eine Springform (ca. 20 cm ∅) mit Klarsichtfolie auslegen und in den Kühlschrank stellen. 500 g Vanilleeis leicht cremig rühren und 100 g Krokant (Fertigprodukt) untermischen. Das Eis in die Form füllen und glatt streichen, mit 50 g Krokant bestreuen und mindestens 2 Std. ins Tiefkühlfach stellen.

zum Dahinschmelzen

Beerenparfait

150 g Himbeeren
200 g Erdbeeren
2 EL Himbeergelee
3 frische Eigelb
75 g Puderzucker
200 g Dickmilch | 250 g Sahne
50 g Gebäckröllchen (oder Eiswaffeln)
einige Himbeeren für die Deko

Für 1 Rehrücken- oder Terrinenform (ca. 750 ml Inhalt; 18 Stücke) | 30 Min. Zubereitung
12 Std. 15 Min. Gefrieren
Pro Stück ca. 100 kcal, 2 g EW, 6 g F, 8 g KH

1 Die Form mit Folie auslegen und kalt stellen. Himbeeren verlesen. Erdbeeren waschen, putzen, trocken tupfen und klein würfeln. Die Hälfte der Beeren beiseitestellen. Himbeergelee erwärmen. Übrige Beeren darin unter Rühren aufkochen lassen, dann pürieren und durch ein Sieb streichen.

2 Eigelbe mit Puderzucker über dem heißen Wasserbad dickcremig aufschlagen. Dann ins kalte Wasserbad stellen, dabei ab und zu umrühren. Die Dickmilch mit Beerenpüree verrühren. Die Sahne steif schlagen. Die Beerendickmilch unter die Eigelbcreme rühren. Die Sahne locker unterziehen. Übrige Beeren unterheben.

3 Die Beerencreme in die gekühlte Form geben und 15 Min. ins Tiefkühlfach stellen. Die Gebäckröllchen als Boden darauflegen. Die Masse mindestens 12 Std. ins Tiefkühlfach stellen. Zum Servieren das Parfait auf eine Platte stürzen und die Folie entfernen. Mit Himbeeren verzieren.

märchenhaft gut

Weißes Schokoparfait

150 g weiße Schokolade
50 g weiße Schoko-Crisp-Schokolade
300 g Sahne
3 frische Eigelb
75 g Puderzucker
1 EL weißer Rum (nach Belieben)
75 g Waffelblätter mit Schokoladenüberzug (z. B. von Bahlsen)

Für 1 Rehrücken- oder Terrinenform (ca. 750 ml Inhalt; 18 Stücke) | 30 Min. Zubereitung
12 Std. 15 Min. Gefrieren
Pro Stück ca. 160 kcal, 2 g EW, 10 g F, 15 g KH

1 Die Form mit Klarsichtfolie auslegen und kalt stellen. Weiße Schokolade und Schoko-Crisp-Schokolade grob hacken und mit 50 g Sahne schmelzen lassen, dann beiseitestellen.

2 Die Eigelbe mit Puderzucker und nach Belieben mit Rum in einer Schüssel über dem heißen Wasserbad dickcremig aufschlagen. Die Schokolade unterrühren und ins kalte Wasserbad stellen. Inzwischen die Sahne steif schlagen und locker unter die Schokocreme ziehen.

3 Die Schokomasse in die Form füllen, glatt streichen und 15 Min. ins Tiefkühlfach stellen. Die Waffelblätter in kleine Würfel schneiden und als Boden auf das Parfait streuen. Das Parfait mindestens 12 Std. ins Tiefkühlfach stellen. Zum Servieren das Parfait auf eine Platte stürzen und die Folie entfernen. Das Parfait in Stücke schneiden.

oben: Beerenparfait | unten: Weißes Schokoparfait

Minitorten im Glas

Schön geschichtet, wie gemalt sind die süßen Hinter-Glas-Zaubereien aus dem Kühlschrank. Die kleinen, cremigen Torten sind der Renner der Saison. Sie lassen sich hervorragend vorbereiten, sind die Überraschung am Ende eines Menüs oder das Highlight auf einem Büfett. Auch gut: Tiramisu zum Löffeln bei Süßhunger zwischendurch.

Klassiker im Glas

Tiramisu

1 dunkler Wiener Boden
50 g Schokoraspel
100 ml frisch gekochter Espresso
1 EL Mandellikör (z. B. Amaretto; nach Belieben)
250 g Mascarpone
200 g Magerquark
50 g Puderzucker
200 g Sahne
1 Päckchen Sahnesteif
Kakaopulver zum Bestäuben

Für 4 hohe Gläser (à ca. 220 ml)
25 Min. Zubereitung | 2 Std. Kühlen
Pro Glas ca. 790 kcal, 16 g EW, 53 g F, 59 g KH

1 Den Wiener Boden zerbröseln. Schokoraspel in den heißen Espresso geben und auflösen. Nach Belieben den Mandellikör zugeben und unterrühren.

2 Den Mascarpone mit Quark und Puderzucker glatt rühren. Die Sahne mit Sahnesteif steif schlagen und vorsichtig unter die Mascarpone-Quark-Masse ziehen.

3 Die Schoko-Biskuitbrösel und Mascarponecreme schichtweise in die Gläser füllen und mit Klarsichtfolie abgedeckt 2 Std. in den Kühlschrank stellen. Mit Kakaopulver bestäubt servieren.

DEKO-TIPP
Tiramisu mit Schokokirschen (Fertigprodukt) oder frischen Kirschen garnieren.

VARIANTE
Schokobrösel und Mascarponecreme wie oben zubereiten und beim Einschichten zusätzlich Amarenakirschen aus dem Glas (ca. 450 g Inhalt) auf die einzelnen Schichten geben. Nach Belieben vor dem Servieren mit Amarenakirschen garnieren.

mit feinem Lavendelaroma

Aprikosentorte

100 g Amaretti (italienische Mandelmakronen)
1 EL Puderzucker | 50 g Mandelstifte
350 g Aprikosen | 1 Zitrone
2 Stängel frische Lavendelblüten
3 EL Lavendelhonig
250 g Magerquark
1 Päckchen Vanillezucker
150 g Sahne
4 Stängel frische Lavendelblüten für die Deko

Für 4 Gläser (à ca. 220 ml)
30 Min. Zubereitung | 2 Std. Kühlen
Pro Glas ca. 440 kcal, 14 g EW, 20 g F, 52 g KH

1 Die Amaretti in einem Gefrierbeutel mit dem Nudelholz zerbröseln. Puderzucker mit Mandelstiften mischen und in einer Pfanne bei mittlerer Hitze goldbraun rösten, dann beiseitestellen.

2 Die Aprikosen waschen, halbieren, entsteinen und in feine Spalten schneiden. Den Saft der Zitrone auspressen, mit Lavendelblüten und 2 EL Honig in einem Topf erhitzen. Die Aprikosenspalten darin kurz schwenken. 8 Aprikosenspalten herausnehmen und für die Deko beiseitelegen.

3 Den Quark mit dem übrigen Honig und Vanillezucker glatt rühren. Die Sahne steif schlagen und unterziehen. Zuerst die Amarettibrösel in die Gläser geben, dann die Aprikosen mit Sud auf den Bröseln verteilen und mit der Hälfte der Mandelstifte bestreuen. Die Creme obendrauf geben, mit den restlichen Aprikosenspalten dekorieren und abgedeckt 2 Std. kalt stellen. Mit den übrigen Mandelstiften und Lavendelblüten dekoriert servieren.

Schicht für Schicht ein Gedicht

Cantuccini-Torte

75 g Cantuccini (italienische Mandelkekse)
50 g Zartbitterschokolade
250 g Brombeeren
2 Bio-Limetten
3 EL Agavendicksaft (oder Ahornsirup)
500 g Ricotta (italienischer Frischkäse)
Minzeblätter (nach Belieben)

Für 4 hohe Gläser (à ca. 220 ml)
25 Min. Zubereitung | 1 Std. Kühlen
Pro Glas ca. 410 kcal, 18 g EW, 24 g F, 32 g KH

1 Die Cantuccini in einem Gefrierbeutel mit dem Nudelholz grob zerbröseln. Die Schokolade in Stücke brechen, über dem heißen Wasserbad schmelzen lassen und mit den Cantuccinibröseln vermischen. Die Brombeeren verlesen, einige für die Deko beiseitelegen.

2 Die Limetten heiß waschen und abtrocknen, 1 TL Schale abreiben und den Saft auspressen. 2 EL Agavendicksaft mit Limettenschale und der Hälfte des Limettensaftes erwärmen, die Brombeeren dazugeben und untermischen.

3 Den Ricotta mit dem restlichen Limettensaft und 1 EL Agavendicksaft glatt rühren. Die Schoko-Cantuccini, Brombeeren und Ricottacreme schichtweise in die Gläser füllen und abgedeckt 1 Std. in den Kühlschrank stellen. Mit den übrigen Brombeeren und nach Belieben mit Minze dekorieren.

links: Cantuccini-Torte | rechts: Aprikosentorte

macht was her

Mokkacremetorte

450 ml Milch
1 Päckchen Vanillepuddingpulver (zum Kochen für 500 ml Milch)
3 EL Instant-Kaffeepulver
2 EL Puderzucker
300 g Sahne
1 EL Kaffeelikör (nach Belieben)
100 g Amaretti (oder Schokokekse)
12 Schokobohnen für die Deko

Für 4 Gläser (à ca. 220 ml) oder 8 kleine Gläser (à ca. 100 ml)
20 Min. Zubereitung | 1 Std. Kühlen
Pro Glas ca. 530 kcal, 8 g EW, 32 g F, 45 g KH

1 350 ml Milch in einen Topf geben und aufkochen lassen. 100 ml Milch mit Puddingpulver, Kaffeepulver und Puderzucker verrühren. Das angerührte Puddingpulver in die kochende Milch geben und unter Rühren kurz aufkochen lassen. Den Pudding abkühlen lassen.

2 Inzwischen die Sahne steif schlagen und nach Belieben den Kaffeelikör unterrühren. 4–5 EL Sahne beiseitestellen. Den Pudding löffelweise unter die Sahne rühren und zu einer glatten Creme verrühren. Die Amaretti und Kaffeecreme schichtweise in die Gläser füllen und abgedeckt 1 Std. in den Kühlschrank stellen.

3 Die übrige Sahne in einen Spritzbeutel mit Lochtülle füllen und auf die Creme spritzen. Mit je 3 Schokobohnen dekoriert servieren.

Feines für Kinder

Stracciatellatorte

400 ml Milch
200 g Sahne
2 Päckchen Stracciatella-Cremepulver (z. B. Paradiescreme von Dr. Oetker)
100 g Schokoraspel
75 g Amaretti (oder Keksröllchen mit Schokolade)
4 Schokoherzen für die Deko

Für 4 Gläser (à ca. 220 ml)
15 Min. Zubereitung | 1 Std. Kühlen
Pro Glas ca. 570 kcal, 10 g EW, 32 g F, 64 g KH

1 Die Milch, Sahne und das Cremepulver in ein hohes Rührgefäß geben. Alles mit dem Schneebesen kurz verrühren, dann mit den Schneebesen des Handrührgeräts auf höchster Stufe in 2–3 Min. cremig aufschlagen.

2 50 g Schokoraspel in einer Schüssel über dem heißen Wasserbad schmelzen lassen und unter die Hälfte der Creme rühren. Die restlichen Schokoraspel unter die übrige Creme rühren. Die Amaretti im Gefrierbeutel mit dem Nudelholz zerbröseln.

3 Die Brösel, die helle Creme, dann wieder Brösel und die dunkle Creme schichtweise in die Gläser füllen und abgedeckt 1 Std. in den Kühlschrank stellen. Mit je 1 Schokoherz dekoriert servieren.

links: Mokkacremetorte | rechts: Stracciatellatorte

Zum Gebrauch
Damit Sie Rezepte mit bestimmten Zutaten noch schneller finden können, stehen in diesem Register zusätzlich auch beliebte Zutaten wie **Biskuitboden** oder **Schokolade** – ebenfalls alphabetisch geordnet und **hervorgehoben** – über den entsprechenden Rezepten.

Unsere Garantie

Alle Informationen in diesem Ratgeber sind sorgfältig und gewissenhaft geprüft. Sollte dennoch einmal ein Fehler enthalten sein, schicken Sie uns das Buch mit dem entsprechenden Hinweis an unseren Leserservice zurück. Wir tauschen Ihnen den GU-Ratgeber gegen einen anderen zum gleichen oder ähnlichen Thema um.

Liebe Leserin und lieber Leser,

wir freuen uns, dass Sie sich für ein GU-Buch entschieden haben. Mit Ihrem Kauf setzen Sie auf die Qualität, Kompetenz und Aktualität unserer Ratgeber. Dafür sagen wir Danke! Wir wollen als führender Ratgeberverlag noch besser werden. Daher ist uns Ihre Meinung wichtig. Bitte senden Sie uns Ihre Anregungen, Ihre Kritik oder Ihr Lob zu unseren Büchern. Haben Sie Fragen oder benötigen Sie weiteren Rat zum Thema? Wir freuen uns auf Ihre Nachricht!

Wir sind für Sie da!
Montag–Donnerstag: 8.00–18.00 Uhr;
Freitag: 8.00–16.00 Uhr
Tel.: 0180-5005054*
Fax: 0180-5012054*
E-Mail:
leserservice@graefe-und-unzer.de

*(0,14 €/Min. aus dem dt. Festnetz/Mobilfunkpreise können abweichen.)

P.S.: Wollen Sie noch mehr Aktuelles von GU wissen, dann abonnieren Sie doch unseren kostenlosen GU-Online-Newsletter und/oder unsere kostenlosen Kundenmagazine.

GRÄFE UND UNZER VERLAG
Leserservice
Postfach 86 03 13
81630 München

Projektleitung: Tanja Dusy
Lektorat: Maryna Zimdars
Korrektorat: Mischa Gallé
Layout, Typografie und Umschlaggestaltung: independent Medien-Design, Horst Moser, München
Satz: abavo GmbH, Buchloe
Herstellung: Claudia Labahn
Reproduktion: Wahl Media GmbH, München
Druck: Firmengruppe APPL, aprinta druck, Wemding
Bindung: Firmengruppe APPL, sellier druck, Freising
Syndication:
www.jalag-syndication.de

ISBN 978-3-8338-1943-8

1. Auflage 2010

GRÄFE UND UNZER

Ein Unternehmen der
GANSKE VERLAGSGRUPPE

Die Autorin

Christa Schmedes arbeitet seit vielen Jahren für Zeitschriften und Buchverlage. Mit Leidenschaft und Fantasie widmet sie sich gerne ihrem Lieblingsthema Backen – von Plätzchen bis zu großen Torten. In den Studios bekannter Food-Fotografen setzt sie ihre Rezeptideen kreativ ins rechte Licht und übernimmt das Styling.

Der Fotograf

Jörn Rynio zählt zu seinen Auftraggebern internationale Zeitschriften, namhafte Buchverlage und Werbeagenturen. Mit einer großen Portion Kreativität und appetitanregendem Styling setzt der Hamburger Fotograf Food-Spezialitäten aus aller Welt stimmungsvoll in Szene. Tatkräftig unterstützt wird er dabei von seinen beiden Stylistinnen Petra Speckmann (Food) und Michaela Suchy (Requisite).

Bildnachweis

alle Fotos: Jörn Rynio, Hamburg

Titelbildrezept

Kirsch-Vanille-Torte (S. 16)

Wir danken der Firma W. F. Kaiser u. Co. GmbH, www.kaiser-backform.de, für die in der Fotoproduktion verwendeten Backformen und Küchenhelfer.

Deko-Ideen

Schokoröllchen oder -späne Zartbitterkuvertüre oder weiße Kuvertüre hacken und in einer Schüssel unter Rühren über dem heißen Wasserbad schmelzen lassen. Ein Backblech oder eine Marmorplatte mit neutralem Pflanzenöl bestreichen. Die Kuvertüre daraufgießen, glatt streichen und die Schokoplatte fest werden lassen. Mit einem Messer mit breiter Klinge oder einer Palette Röllchen abschaben.

Schokoblätter und süße Früchtchen Grüne ungespritzte Rosenblätter waschen, trocken tupfen. Zartbitter- oder weiße Kuvertüre grob hacken, mit 1 Spritzer neutralem Pflanzenöl über dem heißen Wasserbad schmelzen lassen. Die Blätter am Stiel halten, mit einer Seite in die Schokolade halten. Blätter mit der Schokoladenseite nach oben auf Backpapier legen. Die Kuvertüre erstarren lassen. Die grünen Blätter vorsichtig abziehen. Erdbeeren, Kirschen oder andere Früchte zur Hälfte in die flüssige Kuvertüre tauchen und trocknen lassen.

Kandiert und geeist Blüten von aufgeblühten, ungespritzten Rosen oder Minzeblätter trocken tupfen. 1 Eiweiß mit 1 EL Wasser verrühren, beides damit bepinseln. Mit feinem Zucker bestreuen, trocknen lassen. Johannisbeerrispen oder Beeren Ihrer Wahl waschen, trocken tupfen, in Zitronensaft wenden, mit feinem Zucker bestreuen.